BEI GRIN MACHT SICH IHR WISSEN BEZAHLT

- Wir veröffentlichen Ihre Hausarbeit,
  Bachelor- und Masterarbeit

- Ihr eigenes eBook und Buch -
  weltweit in allen wichtigen Shops

- Verdienen Sie an jedem Verkauf

Jetzt bei www.GRIN.com hochladen und kostenlos publizieren

Bibliografische Information der Deutschen Nationalbibliothek:

Die Deutsche Bibliothek verzeichnet diese Publikation in der Deutschen National-
bibliografie; detaillierte bibliografische Daten sind im Internet über http://dnb.d-
nb.de/ abrufbar.

Dieses Werk sowie alle darin enthaltenen einzelnen Beiträge und Abbildungen
sind urheberrechtlich geschützt. Jede Verwertung, die nicht ausdrücklich vom
Urheberrechtsschutz zugelassen ist, bedarf der vorherigen Zustimmung des Verla-
ges. Das gilt insbesondere für Vervielfältigungen, Bearbeitungen, Übersetzungen,
Mikroverfilmungen, Auswertungen durch Datenbanken und für die Einspeicherung
und Verarbeitung in elektronische Systeme. Alle Rechte, auch die des auszugsweisen
Nachdrucks, der fotomechanischen Wiedergabe (einschließlich Mikrokopie) sowie
der Auswertung durch Datenbanken oder ähnliche Einrichtungen, vorbehalten.

Impressum:

Copyright © 2005 GRIN Verlag, Open Publishing GmbH
Druck und Bindung: Books on Demand GmbH, Norderstedt Germany
ISBN: 9783656561965

Dieses Buch bei GRIN:

http://www.grin.com/de/e-book/110100/lutherische-orthodoxie-kirche-und-dreissig-
jaehriger-krieg

Marcus Heydecke

Lutherische Orthodoxie - Kirche und Dreißigjähriger Krieg

GRIN Verlag

GRIN - Your knowledge has value

Der GRIN Verlag publiziert seit 1998 wissenschaftliche Arbeiten von Studenten, Hochschullehrern und anderen Akademikern als eBook und gedrucktes Buch. Die Verlagswebsite www.grin.com ist die ideale Plattform zur Veröffentlichung von Hausarbeiten, Abschlussarbeiten, wissenschaftlichen Aufsätzen, Dissertationen und Fachbüchern.

Besuchen Sie uns im Internet:

http://www.grin.com/

http://www.facebook.com/grincom

http://www.twitter.com/grin_com

Lutherische Orthodoxie

Kirche und Dreißigjähriger Krieg

von

Marcus Heydecke

Lutherische Orthodoxie
Kirche und Dreißigjähriger Krieg
Dozent: Prof. Dr. Udo Sträter

8. Mai 1945. Viele Berichte aus den Tagen des Niedergangs des sogenannten Dritten Reiches, mit denen wir in den vergangenen Wochen überschüttet wurden, vergleichen den Zustand Europas mit dem nach dem Dreißigjährigen Krieg. Verwüstung, Hunger, Millionen Tote - und die Frage, wie es nach all dem weitergehen kann. 1948 erklärte daher die 1. Vollversammlung des Ökumenischen Rates der Kirchen: „Krieg soll nach Gottes Willen nicht sein!"[1] Dabei ist das Führen von Krieg im Augsburger Bekenntnis ausdrücklich vorgesehen. In Artikel XVI ist es den Christen ausdrücklich erlaubt, rechte Kriege zu führen (iure bellare) und zu streiten (militare).[2] In der Zeit, die unser Seminar interessiert, ist der große Streit der Dreißigjährige Krieg.

Eine Antwort auf die bekannt banale Frage nach der Dauer des Dreißigjährigen Krieges ergibt sich keineswegs von selbst. Eine logisch zwingende Einheit bilden die Ereignisse und Entwicklungen zwischen dem Prager Fenstersturz 1618 und dem Westfälischen Frieden 1648 nicht. Dieser Zeitraum zerfällt in mindestens 13 Kriege und 10 Friedensschlüsse. Die gegnerischen Mächte oder Mächtegruppen verändern sich in diesen Jahren ebenso wie ihre Ziele. Zum „Dreißigjährigen Krieg" sind die verwirrend unübersichtlichen und ungleichartigen Handlungsstränge erst durch gedankliche Verknüpfung zeitgenössischer Betrachter und analysierender Historiker geworden. Der Begriff wird unter den Historikern zwar diskutiert, aber dennoch wird an ihm festgehalten.[3] Neben der Reformationszeit gehört dieser Krieg zu den am häufigsten behandelten Epochen der älteren deutschen Geschichte - nicht nur in Fachwerken[4], auch in der Belletristik und in Theaterstücken[5]. Im Bewusstsein breiter Bevölkerungsschichten - nicht nur in Deutschland - ist es die kriegerische „Mutterkatastrophe" der frühen Neuzeit. Mit dem Dreißigjährigen Krieg sind im kollektiven Gedächtnis alle Schrecklichkeiten einer bewaffneten Auseinandersetzung verbunden - vor allem, wie viel Unrecht und barbarische Grausamkeit im Namen der Religion begangen wurde. Die „Kirchengeschichte Deutschlands seit der Reformation" von Johannes Wallmann behandelt diese Ereignisse und Entwicklungen allerdings nur in wenigen Nebensätzen.[6] Spielt der Dreißigjährige Krieg in der Kirchengeschichte Deutschlands lediglich eine unbedeutende Rolle? Oder gehört er gar eigentlich zur Profangeschichte? Der Dreißigjährige Krieg war sicher kein rein religiös motivierter Krieg, wie es beispielsweise noch der Schmalkaldische Krieg (1546/47) war. War der Dreißigjährige Krieg ein klassischer Staatenkonflikt um die Vormacht oder um das Gleichgewicht zwischen den Mächten Europas und nicht zugleich ein Religionskrieg?

1.   Vorgeschichte
100 Jahre vor Kriegsbeginn hatte die Reformation das Deutsche Reich konfessionell gespalten. Die katholischen und protestantischen Landesherren versuchten, eine für beide Seiten akzeptable Verfassungsordnung und ein Mächtegleichgewicht zwischen den Konfessionen im Reich zu finden. Im *Augsburger Religionsfrieden* vom 25. September 1555 - also vor 450 Jahren - einigten sie sich bekanntlich auf den Grundsatz: cuius regio, eius religio. Seither waren das katholische und das lutherische Glaubensbekenntnis als gleichberechtigt anerkannt, nicht jedoch das reformierte. Seit Augsburg besaß der Kaiser im Reich keine kirchenpolitischen Kompetenzen mehr. Den Untertanen blieb, wenn sie der Glaubensoption ihrer Obrigkeit nicht folgen wollten, die Auswanderung, wenn ihnen dies gestattet wurde. So wurde das einheitliche Bekenntnis zum wichtigen Kennzeichen eines neuzeitlichen Flächenstaates.
Mit der weiteren Ausbreitung der Reformation gegen Ende des 16. Jahrhunderts und dem gleichzeitigen Wiedererstarken des Katholizismus in der Gegenreformation schwand jedoch zunehmend die Bereitschaft zum Kompromiss zwischen den Konfessionen. In Rom war 1617 zum Jubeljahr mir reichlich Ablassgnaden erklärt worden. Dagegen polarisierte die 100-Jahr-Feier der Reformation im selben Jahr die Gegensätze durch „gemeinprotestantische" Schriften und Predigten, die mit antikatholischer Polemik Luthers Kampf gegen den römischen Antichristen in den Mittelpunkt stellten - und fortführen wollten.[7] Eine neue Generation von Fürsten - sowohl auf katholischer wie auf protestantischer Seite - strebte danach, mit Gewalt die eigene Position auf Kosten der Gegenseite auszubauen oder verlorengegangenes Terrain zurück zu gewinnen. Dazu kam das Interesse der Calvinisten nach reichsrechtlicher Gleichstellung ihrer Konfession. Verschärft wurde die Lage im Deutschen Reich zu Beginn des 17. Jahrhunderts durch eine Wirtschaftskrise sowie durch dynastische Konflikte, die weit über die konfessionellen Gegensätze hinaus gingen.

---

[1] 1. Bericht der IV. Sektion auf der 1. Vollversammlung des Ökumenischen Rates der Kirchen. Amsterdam 1948.

[2] CA XVI: „De rebus civilibus docent, quod legitimae ordinationes civiles sint bona opera Dei et christianis liceat gerere magistratus, exercere iudicare res eximperatoriis et aliis praesentibus legibus, supplicia iure constituere, iure bellare, militare, lege contrahere, tenere proprium, iurare postulantibus magistratibus, ducere uxorem, nubere." BSLK, Göttingen 5. Aufl. 1963, 70-71.

„Von Polizei und weltlichem Regiment wird gelehret, daß alle Obrigkeit in der Welt und geordnete Regiment und Gesetze gute Ordnung, von Gott geschaffen und eingesetzt seind, und daß Christen mögen in Obrigkeit, Fürsten- und Richter-Amt ohne Sünde sein und handeln nach kaiserlichen und andern üblichen Rechten Urteil und Recht sprechen, Übeltäter mit dem Schwert strafen, rechte Kriege führen, streiten, kaufen und verkaufen, aufgelegte Eide tun, Eigens haben, ehelich sein etc."

[3] GEORG SCHMIDT: Der Dreißigjährige Krieg (C.H.Beck Wissen), München 5. Aufl. 2002, 7-11.

[4] Allein im Jubiläumsjahr 1998 erschien eine Vielzahl von Literatur, u.a. der dreibändige Ausstellungskatalog von KLAUS BUßMANN, HEINZ SCHILLING (HG.): Krieg und Frieden in Europa, Münster 1998.

[5] Die Spannbreite reicht von FRIEDRICH SCHILLER: „Wallenstein" über BERTOLD BRECHT: „Mutter Courage und ihre Kinder" bis JOSEF GÖHLEN: „Bill Bo und seine sechs Kumpane". Letztgenanntes Werk wurde durch die Umsetzung durch die Augsburger Puppenkiste sehr bekannt.

[6] JOHANNES WALLMANN: Kirchengeschichte Deutschlands seit der Reformation, Tübingen 5. Aufl. 2000, 88; 112; 121; 123.

[7] THOMAS KAUFMANN: Dreißigjähriger Krieg und Westfälischer Friede. Kirchengeschichtliche Studien zur lutherischen Konfessionskultur, (BHTh, 104), Tübingen 1998, 10-23.

Seit Beginn des 16. Jahrhunderts versuchte Frankreich sich aus der Umklammerung durch die Habsburgischen Territorien - Spanien, die Niederlande und Burgund - zu lösen. Der habsburgisch-französische Konflikt um die Vorherrschaft in Europa überlagerte bis ins 18. Jahrhundert alle anderen europäischen Auseinandersetzungen, so auch den Dreißigjährigen Krieg. Beide Seiten suchten sich dabei ihre Verbündeten stets auch jenseits konfessioneller Grenzen. So unterstützte das katholische Frankreich die protestantischen Niederlande, die seit 1568 einen Unabhängigkeitskrieg - den so genannten Achtzigjährigen Krieg - gegen die spanische Krone führten. Der spanische Zweig der Habsburger wiederum konnte auf den Beistand der österreichischen Linie seiner Familie bauen, deren Oberhaupt die römisch-deutsche Kaiserkrone trug. Nach fast 40 Jahren Krieg schlossen Spanien und die Niederlande 1609 einen Waffenstillstand, der aber auf 10 Jahre befristet war.

Während der erneute Ausbruch des Kampfes um die Niederlande absehbar war, verschärften sich die konfessionellen Gegensätze im Reich. In Donauwörth wollte die protestantische Mehrheit ihre Vorherrschaft in eine Alleinherrschaft umwandeln. Das Heilig-Kreuz-Kloster bestand allerdings auf seinem alten Recht, eine Prozession in der Stadt veranstalten zu dürfen. 1605 wurde sie vom Rat der Stadt verboten, im folgenden Jahr sogar gewaltsam unterbunden, obwohl der Reichshofrat die Rechte des Klosters bestätigt hatte. Der Kaiser verhängte daraufhin über Donauwörth die Reichsacht und übertrug dem katholischen *Herzog Maximilian I. von Bayern*[8] die Exekution. Damit schuf er einen gefährlichen Präzedenzfall. Da die Stadt zum schwäbischen Kreis gehörte, hätte eigentlich der protestantische Herzog von Württemberg damit beauftragt werden müssen. Bayerische Truppen besetzten 1608 Donauwörth und erzwangen gewaltsam die Rekatholisierung.

Als Reaktion darauf schlossen sich die meisten protestantischen Reichsstände zur *Protestantischen Union* zusammen, um weiteren Bestrebungen zur Rekatholisierung protestantischer Gebiete entgegenzutreten. Führer der Union war der calvinistische *Kurfürst Friedrich V. von der Pfalz*[9]. Im Gegenzug schlossen sich noch im gleichen Jahr die katholischen Reichsstände unter der Führung *Maximilians I. von Bayern* - übrigens wie Friedrich V. ein Wittelsbacher - zur *Katholischen Liga* zusammen. Konfessionelle und dynastische Spannungen hatten mittlerweile in ganz Europa ein enormes Konfliktpotenzial angehäuft. Aber beide Bündnisse einigten längst nicht alle konfessionsverwandten Stände.

2.   Der Ausbruch des Krieges

Die Ursache, die zum Ausbruch des großen Krieges führte, war schließlich der Aufstand der mehrheitlich protestantischen böhmischen Stände im Jahr 1618. Im Streit um die Nutzung einer Kirche in dem böhmischen Dorf Braunau trate der streng katholische, gegenreformatorisch gesinnte österreichische Erzherzog und König von Böhmen *Ferdinand II.*[10], der 1619 zum *Kaiser* gewählt werden sollte, den Majestätsbrief widerrufen, der den Protestanten in Böhmen Religionsfreiheit zugesichert hatte. Die Aufständischen schritten im Mai 1618 zu einer in Böhmen traditionellen Form des Protests und warfen die kaiserlichen Räte Jaroslav Graf von Martinitz und Wilhelm Graf von Slavata sowie einen Sekretär aus einem Fenster des Hradschin. Die Böhmen knüpften damit bewusst an das Vorgehen der Hussiten 1419 im Neustädter Rathaus an. Dass die kaiserlichen Räte diesmal den Sturz überlebten, weil sie nicht in Heugabeln sondern in einen Misthaufen fielen, wurde im Nachhinein von der katholischen Seite als göttliche Fügung angesehen.

Die böhmischen Stände beriefen sich nun auf ihr angestammtes Recht, ihren König selbst zu wählen und erklärten 1619 Ferdinand II. für abgesetzt. Die böhmische Königskrone wurde nacheinander allen Konkurrenten der Habsburger angeboten - dem Herzog Karl Emanuel I. von Savoyen (1580-1630), Fürsten Gábor Bethlen von Siebenbürgen (1580-1629), Johann Georg von Sachsen (1585-1656) und Friedrich V. von der Pfalz. Letzterer griff zu - in völliger Verkennung seiner eigenen Machtbasis und seines Einflusses auf die bereits auseinanderbrechende Union. Ferdinand II. konnte den Verlust Böhmens nicht akzeptieren, wenn er sein Ansehen als Kaiser wahren wollte. Da ihm aber selbst die Mittel für einen Krieg mit Friedrich V. und den böhmischen Ständen fehlten, schloss er mit Maximilian I. von Bayern den Vertrag von München. Danach sollte der Herzog den böhmischen Aufstand mit einer Armee der Katholischen Liga niederschlagen. Im Gegenzug sollte der Bayer die Kurwürde seines pfälzischen Vetters Friedrich erhalten und die Oberpfalz für Bayern annektieren dürfen.

Mit der Entsendung der Liga-Truppen unter der Führung des bayerischen Feldherrn *Johann Tserclaes Graf von Tilly*[11] nach Böhmen trat der Konflikt endgültig in die kriegerische Phase ein.[12]

3.   Die ersten 12 Jahre Krieg im Deutschen Reich (1618-1630)

Alle Beteiligten waren entscheidende Schritte zu weit gegangen: Ferdinand II., der seine katholische Überzeugung über Frieden und Kompromiss in seinem Herrschaftsbereich stellte; Friedrich V., der eine Krone akzeptierte, die traditionell den Habsburgern zustand, wohl wissend, dass Ferdinand II. schon aus Gründen der Reputation nicht kampflos auf sie verzichten konnte; und schließlich Maximilian I., der die Unterstützung des Kaisers von Forderungen abhängig machte, die das Mächtegleichgewicht im Reich so stark zugunsten des Katholizismus verschieben mussten, dass die protestantischen Fürsten sie nicht würden hinnehmen können.

Zu ersten Auseinandersetzungen kam es in Böhmen. Der Krieg breitete sich rasch auch auf andere Teile des Heiligen Römischen Reiches Deutscher Nation aus. Die Protestanten verloren Böhmen schon bald, 1623 die Pfalz. Der Sieg der kaiserlichen Truppen schien vollkommen. Die Gegenreformation bedrohte weite Teile des Deutschen Reiches.

Daher griff nun *Christian IV. von Dänemark* zu den Waffen. Dadurch wurde der Krieg, der bisher auf deutsche Gebiete beschränkt gewesen war, zu einem internationalen Konflikt. Der dänische König plante mit seinem

---

[8] Zur Person Maximilian I. (1573-1651) vgl. JÖRG-PETER FINDEISEN: Der Dreißigjährige Krieg. Eine Epoche in Lebensbildern, Graz 1998, 62-68.
[9] Zur Person Friedrich V. (1596-1632) vgl. JÖRG-PETER FINDEISEN: Der Dreißigjährige Krieg. Eine Epoche in Lebensbildern, Graz 1998, 77-83.
[10] Zur Person Ferdinand II. (1578-1637) vgl. JÖRG-PETER FINDEISEN: Der Dreißigjährige Krieg. Eine Epoche in Lebensbildern, Graz 1998, 50-61.
[11] Zur Person Johann T. Tilly (1557-1632) vgl. JÖRG-PETER FINDEISEN: Der Dreißigjährige Krieg. Eine Epoche in Lebensbildern, Graz 1998, 147-158.
[12] GEORG SCHMIDT: Der Dreißigjährige Krieg (C.H.Beck Wissen), München 5. Aufl. 2002, 28-33.

Verbündeten *Peter Ernst Graf von Mansfeld* einen Feldzug. Jedoch wurden sie bereits zu Beginn vom kaiserlichen Feldherren *Albrecht von Wallenstein* völlig aufgerieben, der neben der Liga eine eigene Söldnerarmee unterhielt. Die protestantische Sache im Reich schien verloren und Ferdinand II. erließ das *Restitutionsedikt* (1629), das den Höhepunkt der kaiserlichen Macht im Reich markierte. Die längst begonnene Rückführung des nach 1552 säkularisierte Kirchenbesitzes sollte mit diesem Maximalprogramm beschleunigt werden. In Nordwest- aber auch in Oberdeutschland berührte das Edikt das konfessionelle und territoriale Integrität fast aller protestantischen Stände. Böhmen wurde zum erfolgreichen Testfeld. Die alten protestantischen Stände büßten ihren sozialen Status ein oder mussten - wie u.a. die protestantischen Prediger - das Land verlassen. Eine neue Elite wurde auf das Haus Habsburg eingeschworen. Dass die Vertreibung protestantischer Bürger eine empfindliche Lücke in Gewerbe und Handel hinterlies, wurde mit der Vorrangigkeit des Katholizität bewusst in Kauf genommen. Im Deutschen Reich wollte der Kaiser den katholischen Glauben und das Kirchengut gemäß den Buchstaben des Augsburger Religionsfriedens restituieren. Ferdinand II. suchte mit dem Restitutionsedikt die große Regelung - eine neue, den Religionsfrieden definitiv und im katholischen Sinne auslegende „Norm".
Nun drohten überall Säuberungen wie in Böhmen. Doch die Restitution gestaltete sich komplizierter als im Edikt vorgesehen. In der Pfalz fielen beispielsweise viele Klöster nicht an die alten Orden zurück, sondern wurden den im gegenreformatorischen Sinn aktiveren Jesuiten gegeben. Dies führte zu erbittertem Streit. Die protestantischen Stände wurden durch das Edikt vom Kaiser geradezu in den Widerstand gezwungen. Selbst katholische Landesherren protestierten gegen das Edikt. Sie waren mit der Form der an den größten Rekatholisierung nicht einverstanden. Das Edikt wurde von ihnen - vor allem angesichts der nach wie vor riesigen Armee Wallensteins - als Angriff auf die reichsständischen Freiheiten und als ersten Schritt auf dem Weg in den kaiserlichen Absolutismus betrachtet. Auf dem Kurfürstentag in Regensburg Ende 1629 musste der Kaiser Zugeständnisse machen und Wallenstein entlassen.[13]

4.   Um Deutschland und Europa - Österreich, Schweden und Frankreich (1630-1648)

Nachdem mit Dänemark eine Ostseemacht aus dem Dreißigjährigen Krieg ausgeschieden war, griff *Gustav II. Adolf Wasa, König von Schweden*[14] in den Kriegsverlauf ein. Davon erhofften sich die Protestanten die große Wende zu ihren Gunsten. In Schriften wurden Gustav II. Adolf christologische Titel beigelegt. Nun war auch aus der Sicht der Wittenberger Theologie der Krieg endgültig zu einem Religionskrieg geworden. Das besondere religiöse Sendungsverständnis des Lutheraners wurde direkt erlebbar, wenn das schwedische Heer vor einer Schlacht betend auf die Knie fiel. Die Siege waren von Dankpredigten und -gebeten begleitet, die die Sendung des Schwedenkönigs als heilsgeschichtliches Ereignis verstanden.[15] Dass Deutschland heute von Schwedensteinen durchzogen ist, verdanken wir vor allem dem Gustav-Adolf-Kult des 19. Jahrhunderts.
Die evangelischen Reichsstände griffen aber nur zögernd die angebotenen Bündnisse auf. Sie sahen im Schwedenkönig eher einen politischen Aggressor als einen konfessionellen Befreier. Gustav II. Adolf, der zuvor die Ostseeküsten unter seine Kontrolle gebracht hatte, wollte nun wohl vor allem seine Vormachtstellung in Norddeutschland ausbauen. Schon bald feierte er Erfolge. Die kaiserlichen Truppen unter Tilly, der noch kurz zuvor Magdeburg dem Erdboden gleich gemacht hatte, wurden 1631 von Gustav II. Adolf vernichtend geschlagen. Die Plünderung Magdeburgs und der große Brand mit mindestens 20.000 Toten hatten allgemeines Entsetzen ausgelöst und wurde in der schwedisch-protestantischen Propaganda in Flugschriften und Predigten zum spektakulären Kriegsereignis. Nun verbündete sich auch der bisher kaisertreue lutherische *Johann Georg von Sachsen* mit Schweden. Auch im folgenden Jahr konnte die Liga den Vormarsch Gustav II. Adolf nach Süddeutschland nicht aufhalten. Bald drangen die Schweden bis München vor und bedrohten Österreich.
In dieser für den Kaiser gefährlichen Situation ernannte Ferdinand II. den entlassenen Wallenstein erneut zum Oberbefehlshaber der kaiserlichen Truppen. Wallenstein gelang es tatsächlich Gustav II. Adolf Einhalt zu gebieten. Der schwedische König verlor in der Schlacht bei Lützen im November 1632 das Leben. Diesem Ereignis wird dort noch heute jährlich mit einem feierlichen Umzug gedacht. Die Herrschaft für die erst sechsjährige *Christina*, Tochter Gustav Adolfs, übernahm *Axel Oxenstierna*[16], der in Deutschland studiert hatte. Dieser schloss mit den Protestanten des fränkischen, schwäbischen und rheinischen Reichskreises den Heilbronner Bund (1633-1634) und führte den Kampf weiter. Die Realität des Krieges holte den Bund schon bald ein. Wegen großer Soldrückstände meuterten die Soldaten Herzog Bernhards von Sachsen-Weimar. Da der Bund kein Geld bereitstellen konnte, erlaubte ihnen Oxenstierna, sich selbst zu helfen. Damit setzte er erneut einen verhängnisvollen Mechanismus in Kraft. Die oft regellosen Plünderungen ruinierten die Steuerkraft der Bevölkerung vollends. Der Heilbronner Bund wurde auch durch militärische Niederlagen unattraktiv und zerfiel bald.
Nach 1635 wurde die Kriegslage noch komplizierter. Frankreich war fast von Gänze von habsburgischen Territorien umgeben und hatte ein Hauptinteresse an der Schwächung der spanischen und kaiserlichen Macht. Dennoch wurde es bis 1635 nicht selbst militärisch aktiv, unterstützte aber die protestantischen Fürsten finanziell. Das nun ein militärischen Eingreifen der französischen Bourbonen-Dynastie richtete sich gegen die bedrohlich wachsende Macht Ferdinand II. im Deutschen Reich. Daher stellte Frankreich sich - obwohl katholisch - unter Führung *Kardinal Richelieus*[17] aus politischen Gründen auf die Seite der Protestanten.
Die protestantischen Reichsstände brachen aus dem Bündnis mit Schweden aus und schlossen mit Kaiser Ferdinand II. den Prager Frieden, der die Aussetzung des Restitutionsedikts von 1629 beinhaltete. Gleichzeitig beschloss man, nun gemeinsam gegen die Feinde des Reiches vorzugehen. Da sich ab jetzt die protestantischen und katholischen Stände

---

[13] Thomas Kaufmann: Dreißigjähriger Krieg und Westfälischer Friede. Kirchengeschichtliche Studien zur lutherischen Konfessionskultur, (BHTh, 104), Tübingen 1998, 24-25. und: Georg Schmidt: Der Dreißigjährige Krieg (C.H.Beck Wissen), München 5. Aufl. 2002, 43-48.
[14] Zur Person Gustav II. Adolf (1594-1632) vgl. Jörg-Peter Findeisen: Der Dreißigjährige Krieg. Eine Epoche in Lebensbildern, Graz 1998, 193-208.
[15] Ernst Koch: Das konfessionelle Zeitalter. Katholizismus, Luthertum, Calvinismus (1563-1675), (KGE II,8), Leipzig 2000, 324-328.
[16] Zur Person Axel Oxenstierna (1583-1654) vgl. Jörg-Peter Findeisen: Der Dreißigjährige Krieg. Eine Epoche in Lebensbildern, Graz 1998, 226-237.
[17] Zur Person Armand Jean du Plessis, Herzog von Richelieu, Kardinal (1585-1642) vgl. Jörg-Peter Findeisen: Der Dreißigjährige Krieg. Eine Epoche in Lebensbildern, Graz 1998, 216-225.

des Reiches einerseits, sowie das protestantische Schweden und das katholische Frankreich andererseits gegenüberstanden, hörte damit der Dreißigjährige Krieg auf, ein Krieg der Konfessionen zu sein. Bereits jetzt stand fest, dass der habsburgische Kaiser seinen absoluten Machtanspruch gegenüber den Reichsständen nicht würde durchsetzen können.

5. Der Friede von Münster und Osnabrück - die Folgen von 30 Jahren Krieg

Das *Thorner Religionsgespräch* (1645) zwischen den Katholiken und verschiedenen evangelischen Kirchen scheiterte an der Kompromisslosigkeit der orthodoxen Lutheraner gegenüber den Reformierten. Die dogmatischen Gegensätze wurden durch *Abraham Calov* (1612-1686) und Johann Hülsemann (1602-1661) hartnäckig verteidigt.

Es dauerte lange bis alle Beteiligten eingesehen hatten, dass keine Partei einen dauerhaften Sieg durch Krieg würde erringen können. Alle Parteien führten einen ungewöhnlich zerstörerischen Krieg. Um Schaden anzurichten brauchte es gar keine Schlachten. Die verheerendsten (im eigentlichem Wortsinne) Schäden entstanden dort, wo sich Truppen sammelten und einige Tage verweilten. Die Gräuel, die in diesem Krieg verübt worden, sind unbeschreibbar. Durch das ganze Deutsche Reich marodierten Söldnergruppen, die immer perfider werdende Methoden erfanden, um aus den längst ausgeplünderten Menschen noch etwas für ihren Lebensunterhalt heraus zu pressen. Folter, Vergewaltigung und Mord waren im ganzen Reich alltäglich. Das Vieh war geraubt und geschlachtet, die Äcker verödet; der Bauer musste sich selbst vor den Pflug spannen. Viele Dörfer waren wüst, die Städte zerstört und entvölkert, ganze Landstriche kaum noch besiedelt. Heute noch sind in Landkarten manchmal Wüstungen eingezeichnet - dies sind oft Dörfer, die im Dreißigjährigen Krieg verwüstet wurden.

Als die Truppen ausgeblutet waren, Erfolge ausblieben und die Sinnlosigkeit weiterer Kämpfe offenbar wurde, war man 1648 endlich bereit, Frieden zu schließen. Zur Aushandlung des Friedensvertrages hatte man bereits 1641 die Städte Münster, traditionell eine Hochburg der Katholiken, und Osnabrück, das dem protestantischen Lager zugehörte, gewählt. Die Basis des Westfälischen Friedens bildete ein überkonfessionelles europäisches Gleichgewicht. Im Friedensschluss wurde der Augsburger Religionsfrieden von 1555 bestätigt und erweitert, da nun neben der katholischen und der lutherischen nun auch die reformierte Konfession im Reich als gleichberechtigt anerkannt wurde. Die konfessionellen Besitzstände wurden auf den Stand von 1624 zurückgeführt. Die Frage nach der Wahrheit kirchlicher Lehre wurde bewusst nicht angegangen. Der Friedensschluss war ein echter Kompromiss - was schon daran zu erkennen ist, dass alle Seiten gegen ihn protestierten.

Die Folgen des Friedens für das Heilige Römische Reich waren gewaltig. Die Landesfürsten erlangten fast völlige Souveränität - auch in Religionsfragen. Der Titel des Kaisers war nun kaum noch mehr als ein Ehrentitel, auch wenn die Habsburger ihn noch bis 1806 führten. Österreich verlor kaiserlichen Einfluss an die Fürsten, und auch die von Habsburg angestrebte religiöse Einheit im Reich wurde nicht erreicht.[18] Das Deutsche Reich besaß keine Tiefseehäfen mehr, was in der neuen Zeit des Kolonialhandels - und damit auch der äußeren Mission - ein immenser Nachteil werden sollte. Dieses Reich wurde aus beinahe 1500 Klein- und Kleinststaaten gebildet - ohne Zentralmacht und ohne vom Bürgertum geprägte Hauptstadt. Der Krieg endete ohne wirklichen Sieger. Das Deutsche Reich war verwüstet, verarmt und über ganze Landstriche entvölkert. Weit mehr als bei allen früheren - und vielen späteren Kriegen war praktisch die gesamte deutsche Zivilbevölkerung in Mitleidenschaft gezogen worden. Von denjenigen, denen es gelungen war, dem Tod durch den Krieg zu entkommen, wurden viele durch Pest und Hungersnot hinweggerafft. Es scheint nicht verwunderlich, dass die Menschen glaubten, das Ende der Welt sei gekommen.

Das nahe Weltende hatte eine Verschärfung der Bußtheologie zur Folge. Die Predigten während des Krieges hatten vor allem den unablässigen Aufruf zur Buße zum Thema. Dieses Motiv ist auch in Predigten, die aus Anlass des Friedensschlusses gehalten wurden, beherrschender Leitgedanke. So dankte Johann Conrad Dannhauer einerseits für die Entlastung, die nun endlich eingetreten war, sprach aber von einem „höchstgefährlichen friden", wenn er die Nähe des Weltendes vergessen und glückliche Zeiten erwarten ließe.[19] Hier verschaffte sich, wiederum die eschatologisch-apokalyptische Ausrichtung der lutherischen Spiritualität Gehör, die in Folge des Friedensschlusses noch mehr an Profil gewann.

Um 1600 haben im Reich ca. 15-17 Millionen Menschen gelebt. Andere Schätzungen gehen von bis zu 21 Millionen Menschen aus. Die Verluste werden mit 20-45% des Vorkriegsstandes beziffert. Um 1650 zählten die Landreiter noch ca. 10-13 Millionen Menschen im Deutschen Reich. Es waren in etwa 4 Zonen zu unterscheiden: Verwüstungsgebiete mit über 50%, Zerstörungsgebiete mit 30-50%, Übergangsgebiete mit 10-30% Verlusten und die wenig betroffenen Randgebiete in Niederdeutschland und in den Alpen.[20] Alle wirtschaftlichen und sozialen Verhältnisse waren völlig umgestürzt. Große Landstriche konnten nicht bewirtschaftet werden, weil Menschen fehlten, die das Feld bestellen konnten. Die verbliebenen Bauern trugen doppelte Last: vier und mehr Tage mussten sie in der Woche für den Herrn arbeiten und außerdem hohe Abgaben zahlen. Weigerte sich ein Bauer, wurde er hart bestraft. Konnte er nicht zahlen, musste er sein Land für einen Spottpreis verkaufen. Aus vielen Bauern wurden in den Nachkriegsjahren Hörige. Handel, Handwerk und Gewerbe lagen vollständig danieder. Das Deutsche Reich brauchte mehr als ein Jahrhundert, um sich von den Kriegsfolgen zu erholen.[21]

6. Die Auswirkungen des Dreißigjährigen Krieges auf Volk und Frömmigkeit

Die Entvölkerung ganzer Landstriche im Dreißigjährigen Krieg hat vielfältige Spuren in Kunst und Alltagsleben hinterlassen - von einfachen Kinderreimen wie „Bet', Kindchen, bet', morgen kommt der Schwed'" bis zu großen Werken der Dichtkunst. Das Erlebnis von nicht enden wollendem Krieg, Hunger, Krankheiten und allgemeiner

---

[18] Spanien verlor nicht nur die Niederlande endgültig, sondern auch seine Stellung als Großmacht. Frankreich wurde zum mächtigsten Land Kontinentaleuropas. Die Niederlande fielen (wie auch die Schweiz) vom Reich ab und wurden international - sogar von Spanien - anerkannt. Die neue Großmacht Schweden erwarb Vorpommern, das Herzogtum Bremen inkl. Verden und die Insel Mainau im Bodensee.

[19] JOHANN CONRAD DANNHAUER: Christliche Friedens-Danck-Predigt ..., Straßburg o.J. (1650) -
zit. nach: ERNST KOCH: Das konfessionelle Zeitalter. Katholizismus, Luthertum, Calvinismus (1563-1675), (KGE II,8), Leipzig 2000, 331.

[20] Begriffe und Zahlen nach: GÜNTHER FRANZ: Der Dreißigjährige Krieg und das deutsche Volk (QFAgRG 7), Stuttgart 4. Aufl. 1979.

[21] GEORG SCHMIDT: Der Dreißigjährige Krieg (C.H.Beck Wissen), München 5. Aufl. 2002, 83-95.

Zerstörung ließ eine Lyrik von besonderer Eindringlichkeit entstehen, in der sich die Gewissheit von Tod und Vergänglichkeit mit barocker Lebensgier verband. So schrieb Andreas Gryphius (1616-1664), das Sonett „Tränen des Vaterlandes anno 1636"; das bis heute zu den meist zitierten Antikriegsgedichten zählt. Es beginnt mit den Versen:

Wir sind doch nunmehr ganz, ja mehr denn ganz verheeret!
Der frechen Völker Schar, die rasende Posaun
Das vom Blut fette Schwert, die donnernde Kartaun,
Hat aller Schweiß und Fleiß und Vorrat aufgezehret.

In seinem Schelmenroman „Der abenteuerliche Simplicissimus" (1669) schilderte Hans Jakob Christoffel von Grimmelshausen (1625-1676) die Wirren und Gräuel des Krieges und schuf damit den ersten bedeutenden Roman der deutschen Literatur.[22]

Das harte Leben in der Kriegs- und Nachkriegszeit ließ vor 350 Jahren viele gegenüber Moral und spirituellen Idealen gleichgültig werden. Trunksucht und psychische Entstellungen verbreiteten sich bei denen, die keine Hoffnung mehr auf bessere Zeiten hatten. Bereits in den Jahren nach 1635, als es immer schwieriger wurde, den Krieg als heroischen Kampf für eine heilige Sache - um den einzig wahren Glauben anzusehen, fingen viele Menschen an, die Bedeutung der Unterschiede, die die Konfessionen voneinander trennten, in Frage zu stellen. Auf zwei bemerkenswerte Versuche, die religiöse Einheit in dieser Epoche voranzutreiben, möchte ich verweisen.

An der Universität Helmstedt bemühte sich *Georg Calixt* (1586-1656) darum, konfessionelle Unterschiede durch Konzentration auf das Wesenhaft-Christliche zu überwinden (ab 1629). Dies sah er im Apostolicum und den Konzilsentscheidungen und Kirchenväterlehren der ersten fünf Jahrhunderte, welche alle Konfessionskirchen akzeptierten. Diese Lehren sollten als Basis zur Überwindung der Trennungen dienen. Damit ergänzte Calixt das sola scriptura durch eine Art Traditionsprinzip. Für diese Auffassungen wurde er von *Abraham Calov* (1612-1686) und anderen Lutheranern im Synkretistischen Streit (1648-1686) heftig angegriffen. War der Begriff „Synkretismus" im Humanismus[23] noch positiv besetzt, wurde er nun von orthodoxen Lutheranern gegen die um Aussöhnung bemühten Lutheraner um Georg Calixt im abschätzigen Sinn verwendet.

Pralle Lebensfreude der Überlebenden prägte das Bild der Nachkriegszeit ebenso, wie tiefe Religiosität und eine von den apokalyptischen Geißeln der Zeit - Krieg, Pest und Hungersnot - bestimmte Todesahnung. Prophezeiungen, Astrologie und magische Praktiken bestimmten die Auseinandersetzung der Menschen mit der Zukunft und dem als übermächtig empfundenen Naturgeschehen. In Württemberg veröffentlichte *Johann Valentin Andreae* (1586-1654) verschiedene kryptische Traktate, die die Existenz einer geheimnisvollen pansophistischen Gesellschaft beschrieben, die „Die Rosenkreuzer" hieß, und die sich der intellektuellen und religiösen Reform angenommen haben soll. Viele Menschen, die eine Alternative zu den etablierten Kirchen suchten, versuchten mit den Rosenkreuzern Kontakt aufzunehmen, obwohl sie wahrscheinlich in diesem Kontext bzw. zu dieser Zeit gar nicht existierten. Andrae widerrief schließlich den Mythos, den er geschaffen hatte. Der A.M.O.R C. - der Alte und Mystische Orden Rosae Crucis - existierte aber noch heute.

In vielen Gemeinden verschlechterten sich infolge des Krieges auch die gemeinschaftlichen Aspekte des religiösen Lebens. Das Auseinanderfallen der Gesellschaft beeinflusste zugleich das religiöse Interesse vieler frommer Protestanten. Die vorherrschende pessimistische Stimmung förderte nämlich das Abstandnehmen von weltlichen Angelegenheiten und weckte die Sehnsucht nach seligmachender spiritueller Erfahrung. Inmitten des sozialen Chaos gewann so die nach innen gerichtete Frömmigkeit eine neue Anziehungskraft, die von Autoren - wie z.B. *Johann Arndt* mit seinen „Vier Büchern vom wahren Christentum" - vor dem Krieg angestrebt worden war.[24] Vielleicht liegt hier eine der Wurzeln für den guten Absatz von Erbauungsliteratur in der zweiten Hälfte des 17. Jahrhunderts, von der wir letzte Woche gesprochen haben.

---

[22] Einen Augenzeugenbericht, besonders über die gewaltigen Strecken, die er zu Fuß zurücklegte, hat uns der Söldner Peter Hagendorf in seiner Chronik hinterlassen. - JAN PETERS (HG.): Ein Söldnerleben im Dreißigjährigen Krieg. Eine Quelle zur Sozialgeschichte. Berlin 1993. Vgl. zur Mentalitätsgeschichte: BENIGNA VON KRUSENSTJERN: Selbstzeugnisse der Zeit des Dreißigjährigen Krieges, Göttingen 1997.

[23] Erasmus übernahm von Plutarch den Begriff mit: friedliches Verhalten religiöser Gegner untereinander gegen äußere Feinde. - vgl. ERASMUS: Adagia, Stuttgart 1994.

[24] ERIC LUND: Die zweite Phase der Reformation: Lutherische und reformierte Spiritualität (1550-1700), in: BERNARD MCGINN (HG.): Geschichte der christlichen Spiritualität, Bd. 3, 253-254; 263-264.

BEI GRIN MACHT SICH IHR
WISSEN BEZAHLT

- Wir veröffentlichen Ihre Hausarbeit,
  Bachelor- und Masterarbeit

- Ihr eigenes eBook und Buch -
  weltweit in allen wichtigen Shops

- Verdienen Sie an jedem Verkauf

Jetzt bei www.GRIN.com hochladen
und kostenlos publizieren